D1750915

Dieses Schneider-Buch gehört

_____

Geschenkt von

_____

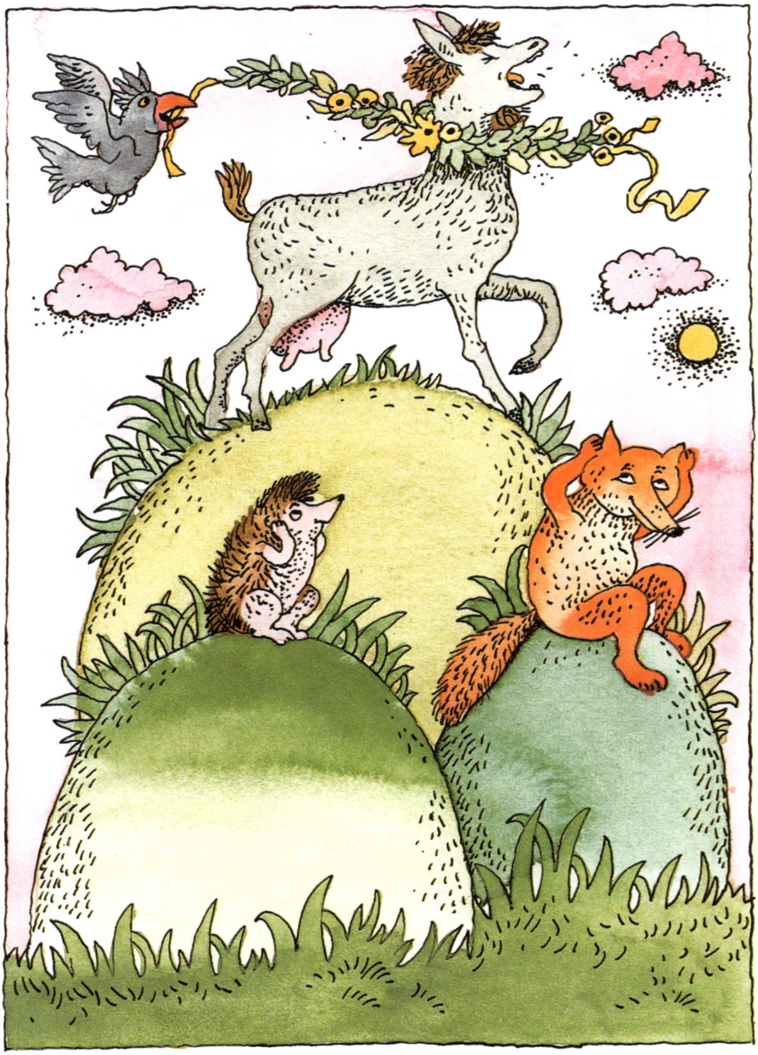

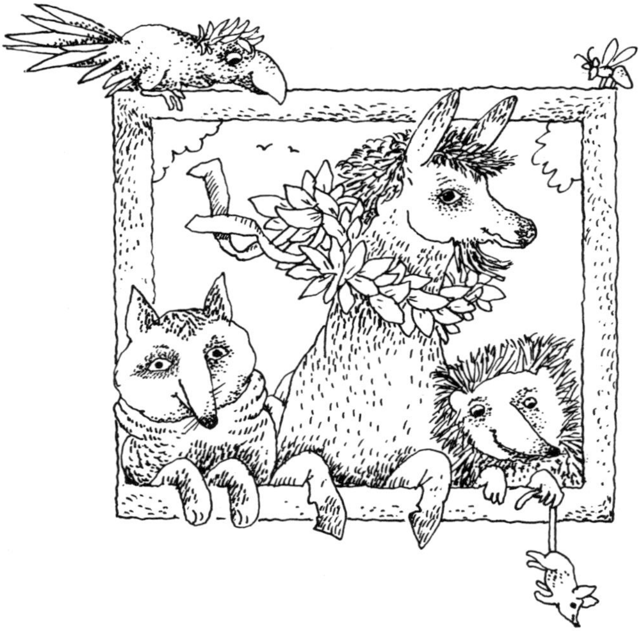

Dimiter Inkiow

Der Igel im Spiegel

Mit Bildern von Rolf Rettich

SCHNEIDER BUCH

Die Deutsche Bibliothek – CIP-Einheitsaufnahme

Der **Igel im Spiegel** / Dimiter Inkiow. Mit Bildern von Rolf Rettich. –
München : F. Schneider, 1997
  (Die bunte Büchermaus) (Spaß am Lesen)
  In Schreibschr.
  ISBN 3-505-10570-8
NE: Inkiow, Dimiter; Rettich, Rolf

Für Lesungen: Dimiter Inkiow
ist unter der Telefonnummer:
0 89/47 58 40 und unter der
Faxnummer: 0 89/47 87 23
erreichbar.

Dieses Buch wurde auf chlorfreies,
umweltfreundlich hergestelltes
Papier gedruckt. Es entspricht den
neuen Rechtschreibregeln.

© 1997 (1992) by Franz Schneider Verlag GmbH
Schleißheimer Straße 267, 80809 München
Alle Rechte vorbehalten
Büchermaus-Illustrationen: Hannes Gerber
Titelbild und Innenillustrationen: Rolf Rettich
Umschlaggestaltung: ART-DESIGN Wolfrath, München
Herstellung/Satz: Gabi Lamprecht, 20˙ Schulschrift B
Druck: A. Huber GmbH & Co. KG, München
Bindung: Conzella Urban Meister, München-Dornach
ISBN 3-505-10570-8

INHALT

Der Igel im Spiegel 11

Die Ziege als Sängerin 24

Die Gans 32

Der Igel im Spiegel

Einmal ging ein junger Igel
in den Wald.
Er fand dort einen Spiegel.
Der junge Igel
guckte in den Spiegel –
und was sah er?
Einen Igel.

„Grüß dich, Igel!",
sagte der junge Igel
zu dem Igel im Spiegel.
Und nickte höflich.
Der Igel im Spiegel
nickte auch höflich.
Der junge Igel beschnüffelte
den Igel im Spiegel.
Und der Igel im Spiegel
beschnüffelte den jungen Igel.

„Sag mal", fragte
der junge Igel
den Igel im Spiegel,
„kannst du nicht raus
aus deinem Haus?"
Und er guckte ihn
fragend an.
Der Igel im Spiegel guckte
den jungen Igel vor dem Spiegel
auch sehr fragend an.

„Keine Angst, mein Freund.
Du wirst nicht ewig
da drinnen eingesperrt bleiben.
Ich werde dich befreien!",
meinte der junge Igel
vor dem Spiegel.
„Ich schwöre es!"
Und er hob feierlich
seine Pfote hoch.
Der Igel im Spiegel hob
auch seine Pfote hoch.
Der Igel vor dem Spiegel
ging weg, um einen
Stein zu suchen.
Da sah er,
wie der Igel im Spiegel
auch wegging,
um einen Stein zu suchen.

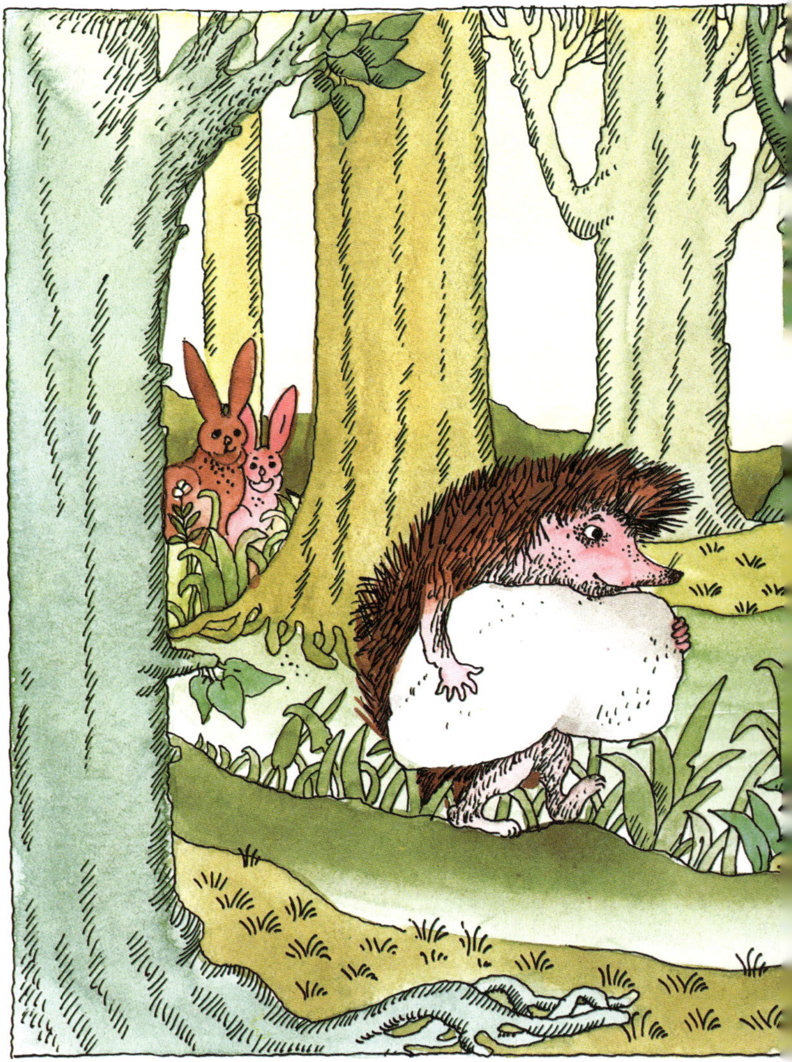

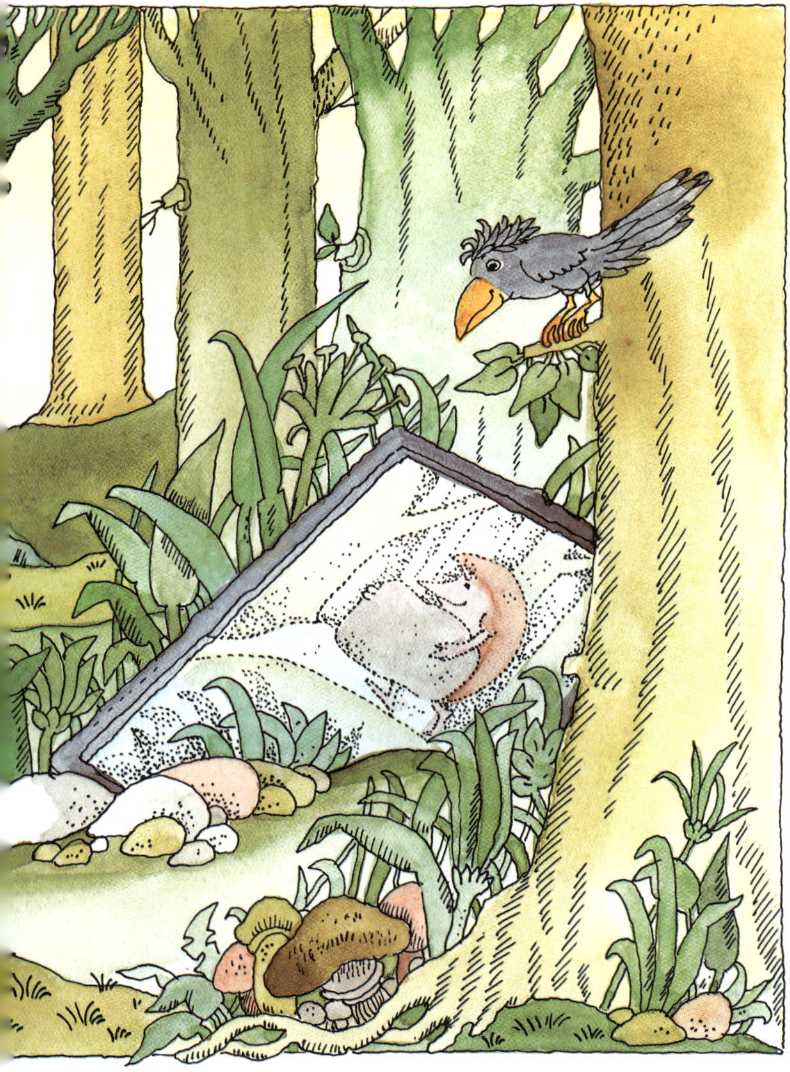

Der junge Igel kam zurück
mit einem Stein in der Pfote.
Da sah er, wie der
Igel im Spiegel auch mit
einem Stein in der Pfote
zurückkam.
Jeder schlug mit seinem Stein
auf den Spiegel,
mit all seinen Kräften.

Da zerbrach der Spiegel in
vier Stücke. Und plötzlich
waren vier Igel da.
Ganze vier Igel.

Das wunderte den Igel
vor dem Spiegel sehr.
Er bekam es mit der Angst
zu tun und lief weg.

Und er sah, wie die vier Igel
in den zerbrochenen
vier Stücken Spiegel
auch wegliefen.
Als der junge Igel
nach einiger Zeit zurückkam,
da waren sie plötzlich
alle wieder da.
Das hat den jungen Igel
sehr gefreut.
Und er beschloss,
seine neuen Freunde
regelmäßig zu besuchen.
Er tat es auch. Tagelang.
Bis er eines Tages sagte:
„Auf Wiedersehen, meine Freunde.
Ich werde mir jetzt
eine Braut suchen.

Wenn ich eine finde,
werde ich sie
euch vorstellen."
Er winkte allen
mit seiner Pfote
zum Abschied.
Und die Igel in den
vier Stücken des Spiegels
winkten alle zurück.

Nach zwei Wochen
kam der junge Igel
mit einer Braut zurück.
Da blieb er vor Staunen
wie angenagelt stehen.
Denn alle vier Igel in den
vier Stücken des Spiegels
hatten auch Bräute.
War das nicht toll?

Die Ziege als Sängerin

*Eine Ziege wollte
Sängerin werden.
„Ich habe eine helle Stimme.
Meee – meee . . .", meinte sie.
„Wenn ich einen guten
Gesangslehrer finde,
werde ich sicher
die größte Sängerin
der Welt.*

Auf der Opernbühne wird man
mich mit Blumen überschütten.
Meee – meee – meeeee ...
Die werde ich alle auffressen!"

Auf der Weide sprang
noch eine andere Ziege
über Stock und Stein
und meckerte laut.
„So möchte ich auch
singen können", dachte
unsere Ziege und fragte:

„Kannst du mir nicht einen
Gesangslehrer empfehlen?"
„Natürlich kann ich."
„Wen?"
„Den Esel."
„Ist der gut?"
„Du kannst es
an seinen Ohren sehen.
Er ist sehr musikalisch."
„Ist er nicht zu teuer?"

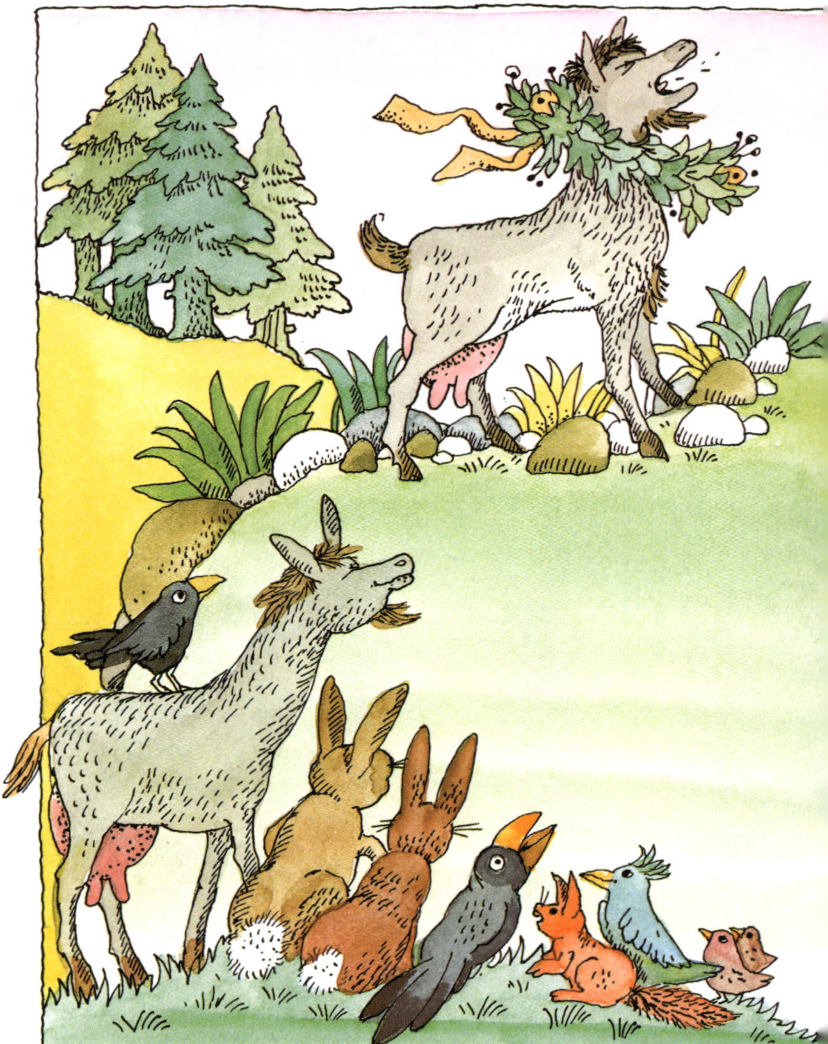

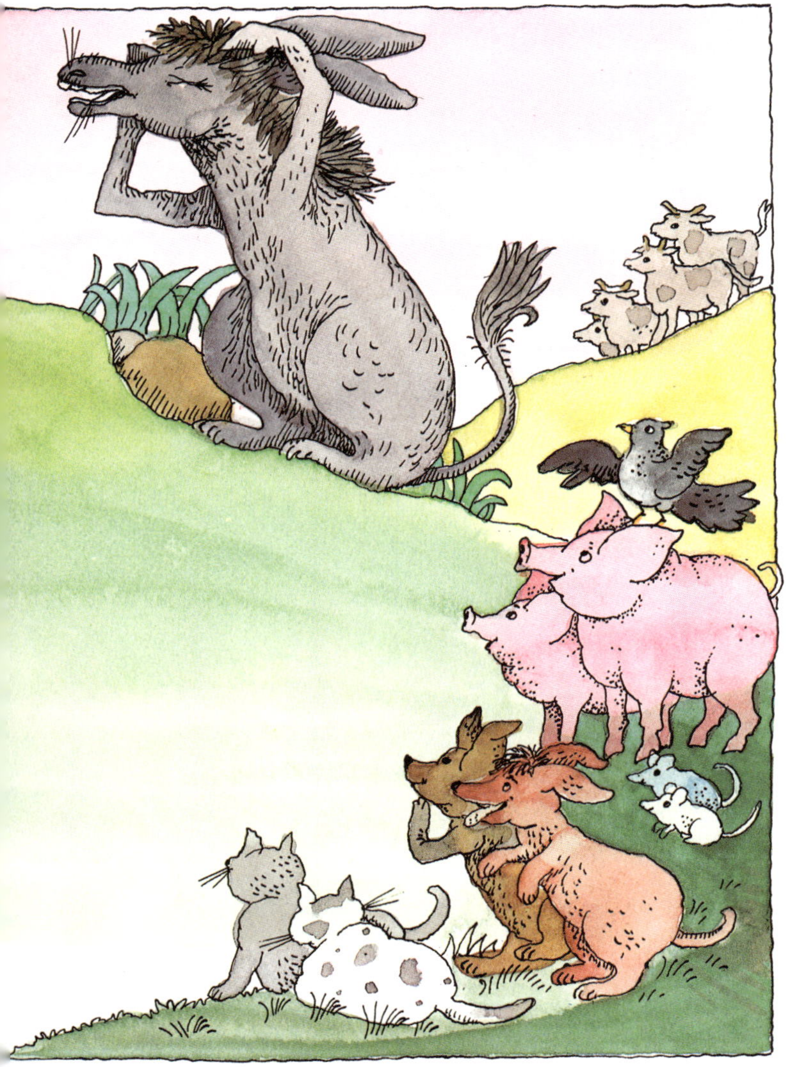

„Billig ist er nicht.
Er nimmt ein Kilo Hafer
pro Gesangsstunde."
„Das kann ich bezahlen."
So fing die Ziege an,
bei dem Esel Gesangs-
unterricht zu nehmen.
Eine Stunde täglich.
„Meee...
Meee...me...meeee.
Meeeee...
Me-me-me-me-meeeeeee."
Der Esel stand vor ihr
und nickte nachdenklich.
Ein Hund,
der in der Nähe wohnte,
kam eines Abends
zu dem Esel und bellte:

„Wie hältst du das Gemeckere
nur aus? Das ist ja schrecklich!"
„Ganz einfach...",
antwortete der Esel
und zog ein Kilo Watte
aus dem Hafer.
„Ich verstopfe mir
jeden Morgen die Ohren.
Die Ziegen dürfen dann
so laut singen,
wie sie nur mögen.
Hauptsache, sie bringen mir
meinen Hafer!"

Die Gans

Ein junger Fuchs traf
einmal einen alten Fuchs.
Da fragte der junge Fuchs
den alten: "Sag mal,
kennst du das Lied
‚Fuchs, du hast
die Gans gestohlen,
gib sie wieder her'?"

„Aber natürlich.
Warum fragst du?"
„Weil ich auch
eine Gans stehlen möchte.
Ich finde aber
nirgendwo eine.
Kannst du mir helfen
und mir sagen, wo ich
eine Gans finden könnte?"

„Natürlich. Du musst
in die Stadt gehen.
In einen Supermarkt.
Dort findest du
in der Tiefkühltruhe
so viele Gänse
wie du nur möchtest!"
„Uhuuu!", freute sich
der junge Fuchs
und hüpfte vor Freude
dreimal hoch in die Luft.
Nachts schlich er sich
in die Stadt.
Aber der Supermarkt war zu.
Der Fuchs überlegte
und beschloss,
in einem Busch
vor dem Supermarkt zu warten.

Am nächsten Morgen
mischte sich der Fuchs
unter die ersten Käufer
und kam in den Supermarkt.
Er hatte gerade die Tiefkühltruhe
mit dem Geflügel gefunden,
als eine Verkäuferin
ihn entdeckte.
„Wem gehört der Hund da?",
rief sie. „Hunde dürfen
hier nicht rein.
Hunde müssen
draußen bleiben!"
„Ich bin kein Hund!",
empörte sich der Fuchs.
„Ich bin ein Fuchs
und ich bin hierhergekommen,
um eine Gans zu stehlen!"

Er sprang in die Tiefkühltruhe
und versuchte
eine Gans zwischen die Zähne
zu bekommen.
Es ging aber nicht.
Die Gänse waren hart
wie Stein.
Und dazu lagen sie
in Plastikhüllen.
Der Fuchs biss und biss und biss.
Er biss sich fast
die Zähne daran kaputt.
Dann gab er auf
und lief weg.
„Es ist leichter
in einen Stein zu beißen
als in eine Gans",
erklärte er später überall.

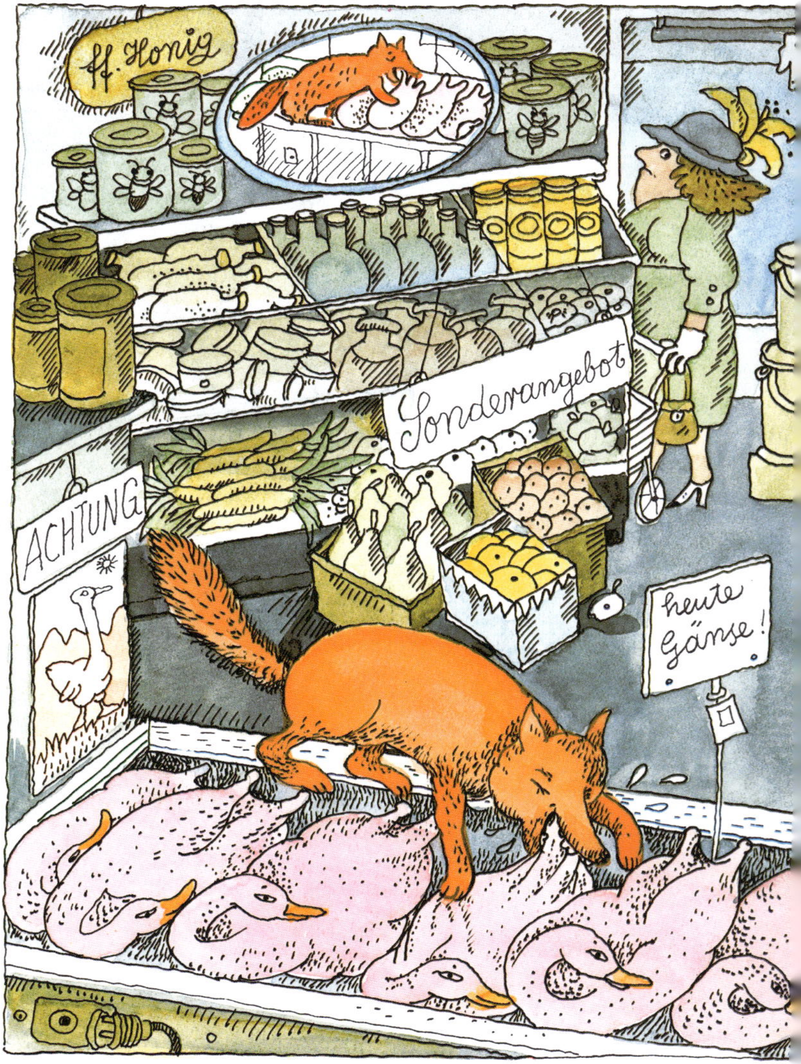
Hf. Honig
Sonderangebot
ACHTUNG
heute Gänse!

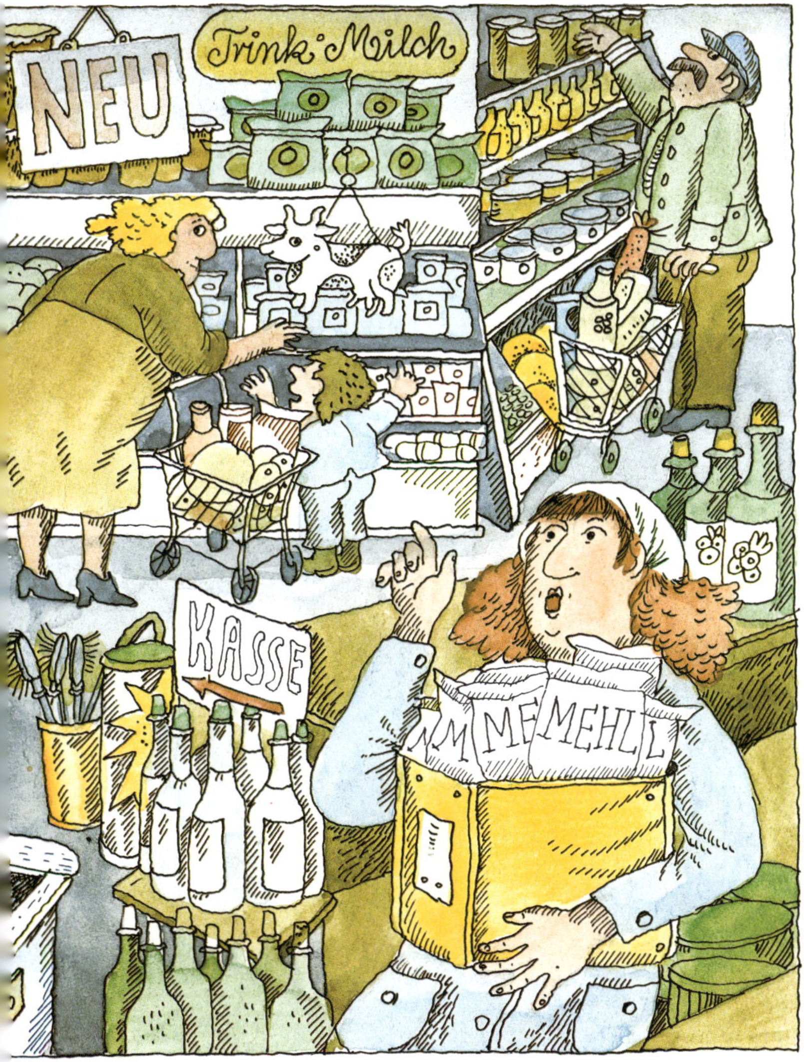
NEU
Trink-Milch
KASSE
MEHL

„Ich weiß nicht,
wie die Füchse früher
die Gänse gestohlen haben.
Sie müssen Zähne aus Stahl
gehabt haben.
Und dass sie die Gänse
auch noch fressen konnten,
ist mir ehrlich
ein Rätsel..."

Der Autor:

Dimiter Inkiow wurde in Bulgarien geboren.
Schon als zehnjähriger Junge schrieb er seine ersten Kindergeschichten, mit 16 Jahren war er bereits Mitarbeiter einer großen Zeitung.
Als Kinderbuchautor machte er sich schnell einen Namen.
Seit 1965 lebt Dimiter Inkiow in Deutschland.
Im Franz Schneider Verlag sind die meisten seiner Geschichten erschienen. Besonders erfolgreich sind seine Klara-Geschichten. Sie sind so beliebt, dass Dimiter Inkiow immer neue erfinden muss.

Der Illustrator:

Rolf Rettich wurde in Erfurt geboren
und wuchs auch dort auf.
Jetzt lebt und arbeitet er zusammen
mit seiner Frau Margret Rettich
seit vielen Jahren in einem Dorf
in Niedersachsen.

MEINE SCHWESTER KLARA
SERIE VON DIMITER INKIOW

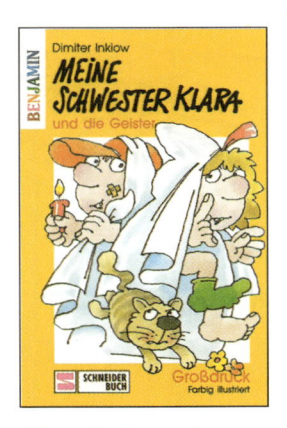

Großdruck

Meine Schwester Klara …

… und die Geister, Bd. 1

… und der Löwenschwanz, Bd. 2

… und die Pfütze, Bd. 3

… und der Haifisch, Bd. 4

… und ihr Schutzengel, Bd. 5

… und der Schneemann, Bd. 6

… und ihr Geheimnis, Bd. 7

… und das liebe Geld, Bd. 8
… und die große Wanderung, Bd. 9
… und ihre Kochlöffel, Bd. 10
… und das Lachwürstchen, Bd. 11
… und der Osterhase, Bd. 12
… und die geschenkte Maus, Bd. 13
… und der Piratenschatz, Bd. 14
… und Oma Müllers Himbeeren, Bd. 15
… und ihre Mäusezucht, Bd. 16
… als Umweltschützerin, Bd. 17
… und der lustige Popo, Bd. 18
… und das große Pferd, Bd. 19
… und das Fahrrad, Bd. 20

Meine Schwester Klara erzählt Witze

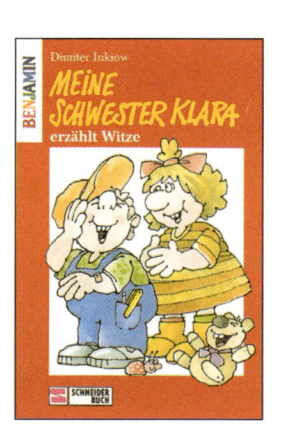